Wilkommen bei uns
Ласкаво просимо

Erste-Hilfe-Wortschatz für den Start

Deutsch | Українська | English | Русский

Eine Audioaufnahme des Wortschatzes finden Sie hier.

Аудіозапис словничка Ви знайдете тут.

Here you can find audio recordings of the vocabulary.

Аудиозапись словаря Вы найдете здесь.

Einfach QR-Code scannen oder Online-Code **5wquuu7** auf www.klett-sprachen.de eingeben.

відскануйте QR-код або введіть онлайн-код **5wquuu7** на сайті www.klett-sprachen.de.

Either use this QR code or go to www.klett-sprachen.de and enter the online code **5wquuu7**.

Просто отсканируйте QR-код или введите онлайн-код **5wquuu7** на сайте www.klett-sprachen.de.

Ernst Klett Sprachen
Stuttgart

Inhalt | Зміст | Contents | Содержание

1.1 Alphabet und Aussprache | **Zum Buchstabieren**
Абетка й вимова | **Літери для письма**
The alphabet and pronunciation | **Letters used for spelling**
Алфавит и произношение | **Буквы для письма**

GROß & klein	AUSSPRACHE	ANWENDUNG
ВЕЛИКІ & маленькі	ВИМОВА	ВИКОРИСТАННЯ
BIG & small	PRONUNCIATION	APPLICATION
БОЛЬШИЕ & маленькие	ПРОИЗНОШЕНИЕ	ИСПОЛЬЗОВАНИЕ
A, a	*a*	Anton
B, b	*be*	Barbara
C, c	*tse*	Cäsar
D, d	*de*	Dora
E, e	*e*	Emil
F, f	*eff*	Friedrich
G, g	*ge*	Gustav
H, h	*ha*	Heinrich
I, i	*i*	Ida
J, j	*jott*	Julius
K, k	*ka*	Kaufmann
L, l	*ell*	Ludwig
M, m	*emm*	Martha
N, n	*enn*	Nordpol
O, o	*o*	Otto
P, p	*pe*	Paula
Q, q	*ku*	Quelle
R, r	*err*	Richard
S, s	*ess*	Siegfried
T, t	*te*	Theodor
U, u	*u*	Ulrich
V, v	*fau*	Viktor
W, w	*we*	Wilhelm
X, x	*iks*	Xaver
Y, y	*üpsilon*	Ypsilon
Z, z	*tsett*	Zacharias

1.2 Besondere Buchstaben

Особливі літери
Special letters
Особенные буквы

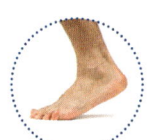

Ä, ä – ä	Ö, ö – ö	Ü, ü – ü	ß – ess tsett
Gläser	**Löffel**	**Tür**	**Fuß**

1.3 Besondere Laute

Особливі звуки
Special sounds and syllables
Особенные звуки

Sch, sch	St, st	Sp, sp
Schrank	**Stuhl**	**Spiegel**

-ch	-ch
Handtuch	**Licht**

Au, au	Eu, eu	Äu, äu	Ei, ei
Ausweis	**Deutschland**	**Häuser**	**Heizung**

2.1 Sich begrüßen und vorstellen

Привітання та знайомства

Begrüßen	**Привітання**
Hallo!	Привіт!
Guten Tag!	Добрий день!
Guten Morgen!	Доброго ранку!
Guten Abend!	Добрий вечір!
Tschüss!	Бувай!
Auf Wiedersehen!	До побачення!

Sie und du	**Ви і ти**
Sie	Ви
du	ти

Wie geht es Ihnen?	Як Ваші справи?
Wie geht es dir?	Як твої справи?

Mir geht es gut. Danke.	У мене все добре. Дякую.

Wie heißen Sie?	**Як Вас звати?**
Wie heißen Sie?	Як Вас звати?
Wie heißt du?	Як тебе звати?
Wie ist Ihr **Name**?	Як Ваше прізвище?
Vorname	ім'я
Familienname	прізвище
Nachname	прізвище

Mein Name ist ...	**Мене звати …**
Mein Name ist Thomas Müller.	Мене звати Томас Мюллер.
Ich heiße Thomas Müller.	Мене звати Томас Мюллер.
Mein Vorname ist Thomas.	Моє ім'я Томас.
Mein Familienname ist Müller.	Моє прізвище Мюллер.
Mein Nachname ist Müller.	Моє прізвище Мюллер.

Wichtige Wörter	**Важливі слова**
Ja.	Так.
Nein.	Ні.
Danke.	Дякую.
bitte	будь ласка
Bitte!	Нема за що!

Greetings and introductions
Приветствия и знакомства

Saying hello and goodbye
Приветствия

Hi.	Привет.
Hello!	Привет!
Good morning.	Доброе утро.
Good evening.	Добрый вечер.
(Good)bye!	Пока!
Goodbye!	Пока!

"You": formal and informal
Местоимения ты и Вы

you (formal)	Вы (официально)
you (informal)	ты (неофициально)
How are you? (formal)	Как Ваши дела? (официально)
How are you? (informal)	Как твои дела? (неофициально)
I'm fine, thank you.	Я в порядке, спасибо.

What's your name?
Как тебя зовут?

What's your name? (formal)	Как Вас зовут? (официально)
What's your name? (informal)	Как тебя зовут? (неофициально)
What's your name? (formal)	Как Вас зовут? (официально)
first name	имя
family name	фамилия
last name	фамилия

My name is …
Меня зовут …

My name is Thomas Müller	Меня зовут Томас Мюллер.
My name is Thomas Müller.	Меня зовут Томас Мюллер.
My first name is Thomas.	Мое имя Томас.
My family name is Müller.	Моя фамилия Мюллер.
My last name is Müller.	Моя фамилия Мюллер.

Important words
Важные слова

Yes.	Да.
No.	Нет.
Thank you.	Спасибо.
please	пожалуйста
You're welcome!	На здоровье!

2.2 Herkunft und Familie

Походження та родина

Woher kommen Sie?

Woher kommen Sie?
Woher kommst du?

Звідкіля Ви?

Звідкіля Ви?
Звідкіля ти?

Ich komme aus …

Ich komme aus **der Ukraine**.
… **der West-Ukraine**.
… **der Ost-Ukraine**.
… **Kiew**.
… **einem Drittstaat**.

Ich habe einen ukrainischen Pass.
Ich bin ukrainischer Staatsbürger.

Я з (зі) …

Я з України.
… Західної України.
… Східної України.
… Києву.
… країни третього світу.

У мене є український паспорт.
Я громадянин України.

Ich bin in in Kiew geboren.

Ich bin in Mariupol geboren.

Я народився (народилася) в Києві.

Я народився (народилася) в Маріуполі

Ich spreche …
Ich spreche kein **Deutsch**.
Ich spreche **Englisch**.
Ukrainisch
Russisch

Я розмовляю …
Я не розмовляю німецькою.
Я розмовляю англійською.
українська мова
російська мова

Ich verstehe ein paar Wörter.
Gibt es einen Dolmetscher?

Я розумію декілька слів.
Чи є тут усний перекладач?

Haben Sie Familie?
Haben Sie Familie?

У Вас є родина?
У Вас є родина?

Ich habe Familie.
Ja, ich habe Familie.
Nein, ich habe keine Familie.

Ich habe ein Kind.
Ich habe Kinder.

У мене є родина.
Так, у мене є родина.
Ні, у мене немає сім'ї.

У мене є дитина.
У мене є діти.

Background and family

Происхождение и семья

Where do you come from?

Откуда ты?

| Where do you come from? (formal) | Откуда Вы? (официально) |
| Where do you come from? (informal) | Откуда ты? (неофициально) |

I come from …

Я из …

I come from Ukraine.	Я из Украины.
… Western Ukraine.	… Западной Украины.
… Eastern Ukraine.	… Восточной Украины.
… Kyiv.	… Киева.
… Third State.	… страны третьего мира.

| I have an Ukrainian passport. | У меня украинский паспорт. |
| I have Ukrainian citizenship. | У меня украинское гражданство. |

| I was born in Kyiv. | Я родился (родилась) в Киеве. |
| I was born in Mariupol. | Я родился (родилась) в Мариуполе. |

I speak …

Я говорю по …

I don't speak German.	Я не говорю на немецком.
I speak English.	Я говорю на английском.
Ukrainian	украинский
Russian	русский

| I understand a few words. | Я понимаю парочку слов. |
| Is there an interpreter? | Есть ли здесь переводчик? |

Do you have (a) family?

Russisch

| Do you have (a) family? | У тебя есть семья? |

I have (a) family.

У тебя есть семья?

| Yes, I have (a) family. | Да, у меня есть семья. |
| No, I don't have (a) family. | Нет, у меня нет семьи. |

| I have a child. | У меня есть ребёнок. |
| I have children. | У меня есть дети. |

Ich reise mit unbegleiteten Minderjährigen.	Я їду з неповнолітніми дітьми без супроводу.
Ich bin allein.	Я сам (сама).
Ich bin minderjährig.	Я неповнолітній (неповнолітня).

💬
Ich habe eine **Frau**.	У мене є жінка.
Ich habe eine **Tochter**.	У мене є донька.
Mutter	мама
Schwester	сестра
Schwestern	сестри
Tante	тітка
Großmutter	бабуся

Ich habe einen **Mann**.	У мене є чоловік.
Ich habe einen **Sohn**.	У мене є син.
Vater	тато
Bruder	брат
Brüder	брати
Onkel	дядько
Großvater	дідусь

Meine Schwester ist hier.	Моя сестра тут.
Meine Oma auch.	Моя бабуся теж.
Mein Bruder ist hier.	Мій брат тут.
Mein Onkel ist noch in der Ukraine.	Мій дядько ще знаходиться в Україні.

Zahlen   Числа

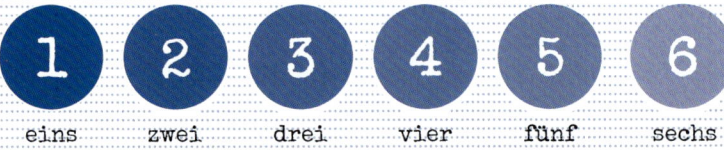

eins	zwei	drei	vier	fünf	sechs

💬
Ich habe **zwei** Brüder.	У мене є два брати.
Ich habe **drei** Schwestern.	У мене є три сестри.
Ich habe **vier** Kinder.	У мене четверо дітей.

I am travelling with unaccompanied minors.	Я еду с несовершеннолетними детьми без сопровождения
I am alone.	Я один.
I am a minor.	Я несовершеннолетний (несовершеннолетняя).

I have a wife.	У меня есть жена.
I have a daughter.	У меня есть дочь.
mother	мать
sister	сестра
sisters	сёстры
aunt	тётя
grandmother, grandma	бабушка

I have a husband.	У меня есть муж.
I have a son.	У меня есть сын.
father	отец
brother	брат
brothers	братья
uncle	дядя
grandfather, grandpa	дедушка

My sister is here.	Моя сестра здесь.
My grandma, too.	Моя бабушка тоже.
My brother is here.	Мой брат здесь.
My uncle is still in Ukraine.	Мой дядя всё ещё в Украине.

Numbers   Числа

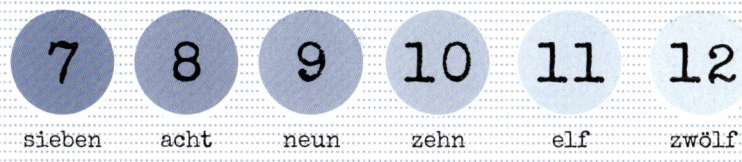

7	8	9	10	11	12
sieben	acht	neun	zehn	elf	zwölf

I have two brothers.	У меня два брата.
I have three sisters.	У меня три сестры.
I have four children.	У меня четыре ребёнка.

3.1 In der Aufnahmestelle

У приймальному центрі

Bleiben oder umziehen

Перебування та переїзд

Hier sind Sie in einer Aufnahmestelle.

Ви перебуваєте у приймальному центрі.

Hier können Sie erst einmal bleiben.

Тут Ви можете поки що залишитися.

Sie müssen leider in eine andere Einrichtung umziehen.

Ви повинні, на жаль, переїхати до іншої оселі.

Womit können Sie sich ausweisen?

Якими документами Ви можете себе ідентифікувати?

Für den ersten Bedarf

Базові потреби

Hier haben Sie Hygieneartikel.

Ось Вам гігієнічні засоби.

Sie bekommen Bettwäsche.

Ви отримаєте спальну білизну.

Info	Інформація
Die Wörter für Ihren täglichen Bedarf finden Sie auf S. 30.	Слова для повсякденних потреб Ви знайдете на сторінці 30.

Danke.

Дякую.

Bitte. Gern geschehen.

Будь ласка. Нема за що.

Wir zeigen Ihnen, wo Sie **essen** können.

Ми покажемо Вам, де Ви можете поїсти.

schlafen

спати

zur Toilette gehen

сходити до туалету

sich waschen

митися

duschen

сходити до душу

At the Reception Centre

В приёмном центре

Staying where you are or moving on

Пребывание и переезд

You are in an reception centre.

Вы находитесь в приёмном центре.

You can stay here for now.

Вы можете остаться здесь на первое время.

Unfortunately, you have to move to another location.

К сожалению, Вы обязаны переехать в другое место.

What proof of identity do you have?

Какой документ о подтверждении личности у Вас есть с собой?

Basic articles

Базовые потребности

Here are your hygiene products.

Здесь Ваши средства личной гигиены.

You will receive your bed linen.

Вы получите своё постельное бельё.

Info	**Информация**
You will find words for your daily needs starting on page 30.	Вы найдёте словарь для своих ежедневных потребностей на странице 30.

Thank you.

Спасибо.

You are welcome.

Пожалуйста.

We'll show you where you can have your meals.

Мы покажем Вам места, где Вы можете поесть.

sleep

спать

go to the toilet

ходить в туалет

wash yourself

мыться

have a shower

принимать душ

3.2 Sich melden und Termine

Реєстрація та прийоми

🔊 **Bitte melden Sie sich …**

Будь ласка, зверніться до …

Bitte melden Sie sich bei der **Ausländerbehörde**.

Будь ласка, зверніться до органу у справах іноземців.

Zentralen Anlaufstelle

до центральних контактних пунктів

Polizei

до відділу поліції

🔊 Bitte melden Sie sich beim **Jugendamt**.

Будь ласка, зверніться до відомства соціального захисту молоді.

Rathaus

до ратуші

Jobcenter

до центру зайнятості

Nach dem Weg fragen
Wörter, die Ihnen helfen, nach dem Weg zu fragen, finden Sie auf S. 24.

Спитати про маршрут
Слова, які допоможуть Вам спитати про дорогу, Ви знайдете на сторінці 24.

🔊 **Sie haben einen Termin.**

Вам назначили прийом.

Sie haben einen Termin am **Montag**.

Вам назначили прийом на понеділок.

Dienstag

вівторок

Mittwoch

середа

Donnerstag

четвер

Freitag

п'ятниця

Samstag, Sonnabend

субота, вечір неділі

Sonntag

неділя

Machen Sie bitte einen Termin für **morgen**.

Назначте, будь ласка, прийом на завтра.

übermorgen

післязавтра

🔊 **nächste Woche**

наступна неділя

heute

сьогодні

gestern

учора(вчора)

vorgestern

позавчора

Registration and appointments

Регистрация и приемы

Please report to …

Пожалуйста, обратитесь в …

Please report to the authority for foreigners.

Пожалуйста, обратитесь в ведомство по делам иностранцев.

central contact point

в центральные контактные пункты

police

в полицию

Please report to the Jugendamt (youth welfare office).

Пожалуйста, обратитесь в ведомство по делам молодежи.

town hall

ратуша

job centre

центр занятости

Asking for directions
Find words and phrases to ask for directions on page 24.

Вопросы о дороге
Найдите слова и фразы, чтобы спросить о дороге, на странице 24.

You have an appointment.

У Вас назначен приём.

You have an appointment on Monday.

У Вас назначен приём на понедельник.

Tuesday

вторник

Wednesday

среда

Thursday

четверг

Friday

пятница

Saturday

суббота

Sunday

воскресенье

Please make an appointment for tomorrow.

Пожалуйста, назначьте приём на завтра.

the day after tomorrow

послезавтра

next week

следующая неделя

today

сегодня

yesterday

вчера

the day before yesterday

позавчера

Bitte kommen Sie **heute Nachmittag**. | Будь ласка, прийдіть сьогодні у другій половині дня.

heute Mittag — сьогодні під обід
heute Abend — сьогодні ввечері
morgen früh — завтра зранку

Ich hole Sie morgen hier ab. | Завтра я прийду сюди за Вами.

Uhr | годинник

Uhrzeiten | час

um 3   5 vor 3   5 nach 3

Kommen Sie morgen um Viertel vor zwölf. | Прийдіть завтра за чверть до дванадцятої.

Ihr Termin ist morgen um 11 Uhr. | Ваш прийом призначено на завтра на 11 годину.

Können Sie das aufschreiben? | Чи можете Ви це записати?

3.3 Von Behörde zu Behörde | Офіційні процеси

Aufnahme der Personalien | Запис даних про особу

Ihren **Pass**, bitte. | Ваш паспорт, будь ласка.

Ausweis — Посвідчення особи
Aufenthaltstitel — дозвіл на перебування

Darf ich Ihre **Papiere** sehen? | Чи можу я побачити Ваші документи?

Geburtsurkunde — свідоцтво про народження
Heiratsurkunde — свідоцтво про шлюб

Das Dokument ist nicht mehr gültig. | Цей документ більше не є дійсним.

Please come back this afternoon.	Пожалуйста, вернитесь сегодня после обеда.
today at noon	сегодня в полдень
this evening	этим вечером
tomorrow morning	завтра утром
I'll pick you up here tomorrow.	Я заберу Вас завтра с этого места.
clock	часы

Telling the time ## Время

halb 4   viertel nach 3   viertel vor 4

Come tomorrow at a quarter to twelve.	Прийдите завтра за четверть до двенадцати.
Your appointment is tomorrow at 11 o'clock.	Ваша встреча назначена на завтра на одиннадцать часов.
Could you write this down?	Можете ли Вы это записать?

Official processes # Официальные процессы

Taking personal details ## Сбор личных данных

Your passport, please.	Ваш паспорт, пожалуйста.
ID card	удостоверение личности
residence permit	вид на жительство
Please show me your documents.	Пожалуйста, покажите мне Ваши документы.
birth certificate	свидетельство о рождении
marriage certificate	свидетельство о заключении брака
This document is no longer valid.	Этот документ больше не действителен.

Füllen Sie bitte das Formular aus.

Заповніть будь ласка формуляр.

Können Sie das buchstabieren?

Чи можете Ви продиктувати це по буквах?

Bitte unterschreiben Sie hier.

Будь ласка, підпишіть тут.

Geburtsdatum

дата народження

Alter

вік

Nationalität

національність

Wie ist Ihr Familienstand?

Який у Вас сімейний стан?

Ich bin **verheiratet**.

Я одружений (одружена).

ledig

неодружений (неодружена)

geschieden

розлучений (розлучена)

verwitwet

овдовілий (овдовіла)

Sind Sie schon in der EU registriert?

Ви вже зареєстровані у Європейському союзі?

Haben Sie **einen biometrischen Pass**?

Чи маєте Ви біометричний паспорт?

ein Visum?

візу?

einen Ankunftsnachweis?

підтвердження про прибуття?

Sie bekommen einen **Ankunftsnachweis**.

Ви отримаєте підтвердження про прибуття.

Medizinische Fragen

Медичні питання

Fühlen Sie sich krank?

Чи почуваєте Ви себе хворим?

Welche Symptome haben Sie?

Які симптоми у Вас є?

Sind Sie gegen Covid-19 geimpft?

Чи провакциновані Ви проти коронавірусної хвороби?

Hatten Sie Corona?

Чи перехворіли Ви на коронавірус?

Bitte machen Sie einen Test.

Будь ласка, зробіть тест.

Brauchen Sie eine Impfung?

Чи хочете Ви провакцинуватися?

Sie müssen eine Maske tragen.

Ви повинні носити маску.

Wörter für den Arztbesuch finden Sie auf S. 44.

Слова для прийому у лікаря Ви знайдете на сторінці 44.

Please fill in the form.	Пожалуйста, заполните бланк.
Can you spell that?	Можете ли Вы проговорить это по буквам?
Please sign here.	Пожалуйста, подпишите здесь.
date of birth	дата рождения
age	возраст
nationality	национальность
What is your marital status?	Какой у Вас семейный статус?
I'm married.	У меня есть супруг (супруга).
single, unmarried	холостой (холостая)
divorced	в разводе
widowed	овдовел (овдовела)
Have you already been registered in the EU?	Вы уже были зарегистрированы на территории Европейского союза?
Do you have a biometric passport?	Есть ли у Вас биометрический паспорт?
a visa?	виза?
a proof of arrival/certificate of commencement	подтверждение прибытия
You will receive a proof of arrival/certificate of commencement	Ви получите документ о прибытии.

Medical Questions ## Медицинские вопросы

Are you feeling well?	Чувствуете ли Вы себя хорошо?
Do you have any symptoms?	Есть ли у Вас какие-то симптомы?
Are you vaccinated against COVID-19?	Провакцинированы ли Вы от коронавируса?
Did you test positive for COVID-19?	Переболели ли Вы коронавирусом?
Please get tested.	Пожалуйста, сделайте тест.
Do you need a vaccination?	Хотите ли Вы сделать прививку?
You need to wear a mask.	Вам нужно носить маску.

| Find words and phrases for your doctor's visit from page 44. | Найдите слова и фразы для Вашего приёма у доктора на странице 44. |

Wichtige Wörter für Behörden

Dolmetscher	усний перекладач
Visum	віза
biometrischer Pass	біометричний паспорт
Aufnahmeverfahren für vorübergehenden Schutz	процедура прийому біженців для тимчасового захисту
Aufenthaltsrecht	право на проживання
(vorübergehende) Aufenthaltserlaubnis	(тимчасовий) дозвіл на проживання
beantragen	подати заяву
Asylantrag	заява про надання притулку
Krieg	війна
Flüchtling	біженець

Важливі слова для відомств

Aktuelle Informationen für Menschen aus der Ukraine zu Einreise und Aufenthalt in Deutschland finden Sie auf der Seite des Bundesministeriums für Migration und Flüchtlinge (Bamf): www.bamf.de

Актуальну інформацію для людей з України щодо в'їзду та перебування в Німеччині Ви знайдете на сайті федерального відомства у справах міграції та біженців (Bamf): www.bamf.de

3.4 Arbeit und Weiterbildung

Робота та підвищення кваліфікації

💬 **Schule und Ausbildung**

Школа та освіта

Ich bin fünf Jahre zur Schule gegangen.	Я ходив (ходила) п'ять років до школи.
Ich habe einen Schulabschluss.	Я закінчив (закінчила) школу.
Ich habe Abitur/die Hochschulreife.	У мене є свідоцтво про здобуття повної загальної середньої освіти.
Ich habe **Bäcker** gelernt.	Я вивчився (вчилась) На пекаря.
Ich habe eine Ausbildung als **Bäcker**.	Я вивчився (вчилась) На пекаря.
Ich habe als **Bäcker** gearbeitet.	Я працював (працювала) пекарем.

Important words for authorities

interpreter	устный переводчик
visa	виза
biometric passport	биометрический паспорт
admission procedure for temporary protection	процедура приёма беженцев для временной защиты
right of residence	право на проживание
(temporary) residence permit	(временное) разрешение на пребывание
to apply for	подавать заявление
application for asylum	заявление о предоставлении убежища
war	война
refugee	беженец

Важные слова для ведомств

Find information about entry from Ukraine and residence in Germany here: www.bamf.de

Найдите информацию о въезде из Украины и пребывании в Германии здесь: www.bamf.de

Work and work training

Работа и повышение квалификации

School and education

Школа и образование

I went to school for five years.	Я ходил (ходила) в школу пять лет.
I have a school-leaving certificate.	У меня есть аттестат об окончании школы.
I have a valid higher education entrance qualification.	У меня есть действующий документ для поступления в высшее учебное заведение
I am a trained baker.	Я обученный пекарь.
I did an apprenticeship as a baker.	Я прошел обучение на пекаря.
I worked as a baker.	Я работал пекарем.

Berufe   Професії

♂ **Maurer**
♀ **Maurerin**

♂ **Koch**
♀ **Köchin**

♂ **Fliesenleger**
♀ **Fliesenlegerin**

♂ **Schneider**
♀ **Schneiderin**

♂ **Krankenpfleger**
♀ **Krankenschwester**

♂ **Arzt**
♀ **Ärztin**

Ich habe **Ingenieurwissenschaft** studiert.	Я вивчав (вивчала) інженерію.
Naturwissenschaften	природні науки
Medizin	медицина
Wirtschaft	економіка
Jura	право
Sprachen	мовні науки

Darf ich schon …?   Чи маю я право …?

Darf ich schon **arbeiten**?	Чи маю я право на роботу? (Чи можу я працювати?)
einen Deutschkurs besuchen	відвідувати курс з німецької
eine Prüfung ablegen	складати іспит
Bekomme ich eine Arbeitserlaubnis?	Чи отримаю я дозвіл на роботу?
Kann mein Kind in die Schule gehen?	Чи може моя дитина ходити до школи?

Sie dürfen …   Ви маєте право …

Sie bekommen eine Arbeitserlaubnis.	Ви отримаєте дозвіл на перебування.
Sie dürfen arbeiten.	Ви маєте право на роботу.
Sie dürfen noch nicht arbeiten.	Ви ще не можете працювати.

Jobs / professions   Профессии

♂ **Bauer**

♀ **Bäuerin**

♂ **Maler**

♀ **Malerin**

♂ **Mechaniker**

♀ **Mechanikerin**

♂ **Erzieher**

♀ **Erzieherin**

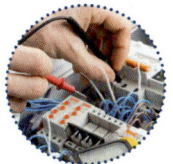

♂ **Elektriker**

♀ **Elektrikerin**

♂ **Lehrer**

♀ **Lehrerin**

I studied Engineering.	Я изучал (изучала) инженерию.
Natural Sciences	естественные науки
Medicine	медицина
Economics	экономика
Law	право
Languages	языки

May I …?   Могу ли я …?

Am I allowed to get a job/work?	Разрешено ли мне работать?
take part in German classes	учиться в немецких классах
take an exam	сдавать экзамен
Do I get official permission to work?	Получу ли я официальное разрешение на работу?
Can my child go to school?	Может ли мой ребёнок ходить в школу?

You may …   Вы можете …

You will get permission to work.	Вы получите разрешение на работу.
You are allowed to work/get a job.	Вы имеете право на работу.
You are not allowed to work yet.	Вам ещё не разрешено работать.

4.1 Unterwegs   У дорозі

Entschuldigen Sie | **Вибачення**

Entschuldigung. | Вибачте мені.
Entschuldigung, … | Перепрошую, …
Entschuldigen Sie, … | Вибачте, …

Nach dem Weg fragen | **Спитати про дорогу**

Entschuldigung, wo ist die **Innenstadt**? | Перепрошую, де знаходиться центр міста?
Bushaltestelle | автобусна зупинка
Goethestraße | Гетештрасе

Entschuldigung, wo ist das **Bürgerzentrum**? | Перепрошую, де знаходиться громадський центр?
Rathaus | ратуша
Jobcenter | центр зайнятості

Entschuldigung, wo ist der **Busbahnhof**? | Перепрошую, де знаходиться автовокзал?
Bahnhof | залізничний вокзал

Wegbeschreibungen verstehen | **Зрозуміти маршрут**

geradeaus | **links** | **rechts**

die nächste **Straße** rechts | наступна вулиця праворуч

an der nächsten **Kreuzung** links | на наступному перехресті ліворуч

Ampel | світлофор

vor dem Zebrastreifen nach rechts | перед пішоходним переходом праворуч

hinter dem Bahnhof links | за вокзалом ліворуч

hinter der Apotheke | за аптекою
vor der Kirche | перед церквою

zu Fuß fünf Minuten von hier | пішки п'ять хвилин звідси

Getting around | В дороге

Apologising | Извинение

I'm sorry.	Мне очень жаль.
Excuse me, … (informal)	Извини, … (неофициально)
Excuse me, … (formal)	Извините меня, … (официально)

Asking for directions | Спросить про дорогу

Excuse me, where is the city centre?	Извините, не подскажите, где находится центр города?
bus stop	автобусная остановка
Goethe Street	Гётештрассе
Excuse me, where is the citizen's centre?	Извините, не подскажите, где находится гражданский центр?
town hall	мерия
job centre	центр занятости
Excuse me, where is the bus station?	Извините, не подскажите, где находится автобусный вокзал?
train station	железнодорожный вокзал

Understanding directions | Понимание направлений

vor

hinter

Feuersee
an

turn right at the next street	повернуть направо на следующей улице
turn left at the next crossing	повернуть налево на следующем перекрёстке
traffic light	светофор
turn right before the pedestrian crossing ("zebra crossing")	повернуть направо перед пешеходным переходом
past the station, on the left	за вокзалом слева
past the pharmacy	за аптекой
in front of the church	перед церковью
a five minute walk from here	пять минут ходьбы отсюда

Mit öffentlichen Verkehrsmitteln | У громадському транспорті

Entschuldigung, wo fährt der **Bus** ab?	Вибачте, а звідкіля вирушає автобус?
Zug	потяг
Entschuldigung, wo fährt die **Straßenbahn** ab?	Вибачте, а звідкіля вирушає трамвай?
Tram	трамвай (слово, поширене в Австрії та Південній Німеччині)
U-Bahn	метро
S-Bahn	електричка, регіональний потяг
Linie 24	номер/гілка 24

Taxi

Bus

S-Bahn

Haltestelle	зупинка
Station	станція
Fahrplan	розклад руху транспорту
Fahrschein	проїзний квиток
Fahrkarte	проїзний квиток
Fahrkartenautomat	квитковий автомат
Einzelkarte	одноразовий квиток
einfache Fahrt	звичайна поїздка
Hinfahrt	поїздка до якоїсь певної цілі
Hin- und Rückfahrt	поїздка туди та назад
Kurzstrecke	коротка відстань
Gruppenkarte	гуртовий квиток
Tageskarte	денний квиток

By public transport | ## В общественном транспорте

Excuse me, where does the bus leave from? | Извините, не подскажите, откуда отправляется автобус?

train | поезд

Excuse me, where does the tram leave from? | Извините, не подскажите, откуда отправляется трамвай?

tram | трамвай

underground, subway | метро
overground suburban railway | пригородная железная дорога
Number 24 | Номер/линия 24

U-Bahn

zu Fuß

Zug

stop (especially bus, tram or S-Bahn) | остановка (в особенности про автобус, трамвай или электричку)
station; stop | станция, остановка
timetable | расписание транспорта

ticket | билет
ticket | билет
ticket machine | автомат с билетами

single ticket | одноразовый билет
single, one way journey | одиночная поездка в одну сторону
journey to a place | поездка в определённое место
return trip | обратная поездка
short-haul (route) | короткое расстояние

group ticket | групповой билет
day ticket | дневной билет

Keine Tickets beim Fahrer.

Zutritt nur mit gültiger Fahrkarte.

Ticket bitte vor Fahrtantritt kaufen.

Ticket bitte entwerten.

У водія більше немає квитків.

Доступ тільки з дійсним квитком.

Купуйте, будь ласка, квиток перед поїздкою.

Компостуйте, будь ласка, квиток.

4.2 In der Unterkunft

В оселі

Meine Anschrift

Wo sind Sie untergebracht?
Wo wohnen Sie?
Wie ist Ihre Adresse?

Моя адреса

Де Вас розмістили?
Де Ви мешкаєте?
Яка у Вас адреса?

Meine Unterkunft

Ich wohne in der Schillerstraße.
Ich bin in einer Aufnahmestelle untergebracht.
Ich bin bei Freunden/einer Familie untergebracht.
Haus
Wohnung
Zimmer

Моє житло

Я живу на Шиллерштрасе.
Мене розмістили у приймальному центрі.
Я мешкаю у друзів/у родині.
дім
квартира
кімната

Im Zimmer

У вашій кімнаті

Tür

Fenster

Bett

Tisch

Die Heizung ist kaputt.
Die Lampe ist kaputt.

Wer kann mir helfen?
Kann das jemand reparieren?

Центральне опалення зламалося.
Цей світильник зламаний.

Хто може мені допомогти?
Чи може хтось це відремонтувати?

No tickets from the driver.	У водителя нет билетов.
Entry with valid ticket only.	Вход только с действительным билетом.
Buy a ticket before starting your journey.	Покупайте билет, прежде чем начать свою поездку.
Please validate your ticket by stamping it.	Пожалуйста, валидируйте свой билет, штампируя его.

In the accommodation

В жилье

My address

Мой адрес

Where are you housed?	Где Вас разместили?
Where do you live?	Где Вы проживаете?
What's your address?	Какой у Вас адрес?

My accommodation

Мое жильё

I live in Schiller Street.	Я проживаю на Шиллерштрасе
I am staying in an reception centre.	Я поселился (поселилась) в приёмном центре.
I am staying with friends/family.	Я поселился (поселилась) у друзей/ в семье
house	дом
flat/apartment	квартира
room	комната

In your room

В вашей комнате

 **Stuhl**

 **Schrank**

 **Lampe**

 **Heizung**

The heating doesn't work.	Отопление не работает.
The lamp is broken.	Эта лампа сломалась.
Who can help me?	Кто может мне помочь?
Could somebody mend this?	Мог бы кто-то починить это?

Ich kümmere mich darum.
Es kommt gleich jemand.

Я подбаю про це.
Скоро хтось прийде.

Weitere Räume

Wo ist die **Küche**?
Essensausgabe
Waschküche
Toilette

Інші приміщення

Де розташовується кухня?
видача їжі
пральня
туалет

Wo ist der **Duschraum**?
Gebetsraum
Gemeinschaftsraum

Де знаходиться ванна кімната?
Кімната для молитв
спільна кімната

Ruhe und Schlaf

Ich brauche eine Bettdecke.
Wo bekomme ich eine **Bettdecke**?
Matratze
Die Matratze ist feucht.
Gibt es eine trockene Matratze?

Відпочинок і сон

Мені потрібна ковдра.
Де я можу отримати ковдру?
матрац
Цей матрац вологий.
Чи є тут сухий матрац?

Ich brauche ein Laken.
Wo bekomme ich ein **Laken**?
Bett
Babybett
Kissen
Schlafsack

Мені потрібно простирадло.
Де я отримаю простирадло?
ліжко
дитяче ліжко
подушка
спальний мішок

Ab 22 Uhr ist Nachtruhe.

З десятої години вечора діє правило нічного спокою.

Sich waschen

Wo ist ein Waschraum?
Gibt es dort eine Dusche?

Особиста гігієна

Де знаходиться пральня?
Чи є там душ?

Das Wasser ist zu kalt.
Das Wasser ist **kalt**.

Вода занадто холодна
Вода холодна

warm
lauwarm
heiß

теплий
трохи теплий
гарячий

Ich brauche ein Handtuch.

Мені потрібний рушник.

I'll take care of it.	Я позабочусь об этом.
Somebody will be there in a minute.	Кто-то будет здесь через минуту.

Other rooms
Другие комнаты

Where is the kitchen?	Где находится кухня?
serving counter	выдача еды
laundry	прачечная
toilet	туалет

Where are the showers?	Где находится душ?
room for prayer	молитвенная комната
communal room	общая комната

Quiet and sleep
Отдых и сон

I need a blanket.	Мне нужно одеяло.
Where can I get a blanket?	Где я могу взять покрывало?
mattress	матрас
The mattress is damp.	Этот матрас влажный.
Is there a dry mattress?	Есть ли здесь сухой матрас?

I need a sheet.	Мне нужна простынь.
Where can I get a sheet?	Где я могу получить простынь?
bed	кровать
crib, cot	детская кроватка
pillow	подушка
sleeping bag	спальный мешок

Please be quiet after 10 o'clock.	Пожалуйста, будьте тихими после десяти часов вечера.

Personal hygiene
Личная гигиена

Where is the washroom?	Где находится ванная комната?
Is there a shower?	Есть ли здесь душ?

The water is too cold.	Вода слишком холодная.
The water is cold.	Вода холодная.

warm	теплая
lukewarm	тепловатый
hot	горячий

I need a towel.	Мне нужно полотенце.

Ich brauche **Seife**. — Мені потрібно мило.
Duschgel — гель для душу
Shampoo — шампунь
Zahnpasta — зубна паста
Toilettenpapier — туалетний папір

Ich brauche eine **Zahnbürste**. — Мені потрібна зубна щітка.
Haarbürste — розчіска для волосся
Binde — прокладка
Windel — підгузник

Gibt es hier einen **Spiegel**? — Чи є тут дзеркало?
Rasierer — бритва
Kamm — гребінець для волосся

Ich möchte mich **waschen**. — Я хочу помитися.
duschen — сходити до душу
abtrocknen — витирати(ся)

Wäsche waschen — Прання одягу

Ich möchte Wäsche waschen. — Я хочу попрати одяг.
Ich brauche Waschpulver. — Мені потрібний пральний порошок.
Wo gibt es eine Waschmaschine? — Де можна знайти пральну машину?
Wo kann ich die Wäsche aufhängen? — Де я можу розвісити випрані речі?

Putzen und Aufräumen — Чистота та прибирання

Hinterlassen Sie den Raum bitte sauber. — Будь ласка, залишайте приміщення чистим.
Bitte den Tisch abwischen. — Будь ласка, витріть стіл.
Nach dem Kochen bitte die Küche aufräumen. — Будь ласка, прибирайте кухню після приготування їжі.
Nach dem Essen bitte den Tisch abräumen. — Будь ласка, витирайте стіл після приймання їжі.

Wo bekomme ich einen **Eimer**? — Де я можу отримати відро?
Mülleimer — смітник
Putzlappen — ганчірка для чищення
Besen — віник

Das bekommen Sie beim Hausmeister. — Це Ви отримаєте від домоправителя.

I need some soap.	Мне нужно немного мыла.
shower gel	гель для душа
shampoo	шампунь
toothpaste	зубная паста
toilet paper	туалетная бумага

I need a toothbrush.	Мне нужна зубная паста.
hairbrush	расческа для волос
sanitary towel	прокладка
nappy, diaper	подгузник

Is there a mirror here?	Есть ли здесь зеркало?
shaver	бритва
comb	гребень для волос

I want to wash myself.	Я хочу помыться.
take a shower	принимать душ
dry (off)	вытирать(ся)

Washing clothes, laundry — Стирка одежды и прачечная

I want to wash my clothes.	Я хочу постирать свои вещи.
I need detergent.	Мне нужен порошок.
Where is there a washing machine?	Где здесь есть стиральная машина?
Where may I hang my clothes up to dry?	Где я могу развесить свою одежду, чтоб она высохла?

Cleaning and tidying rooms — Уборка комнат

Please leave the room in a clean state.	Пожалуйста, сохраняйте комнату в чистом состоянии.
Please wipe the table.	Пожалуйста, вытирайте стол.
Please tidy/clean up the kitchen after cooking.	Пожалуйста, убирайте кухню после готовки.
Please clear the table after your meal.	Пожалуйста, вытирайте стол после приёмов пищи.

Where can I find a bucket?	Где я могу найти ведро?
rubbish bin	мусорка
cleaning cloth	тряпка для уборки
broom	веник

You can get it from the caretaker.	Это Вам выдаст управдом.

4.3 Kochen, Essen und Trinken

Приготування їжі, страви та напої

💬 **Hunger und Durst** / **Голод і спрага**

Ich habe Hunger.	Я голодний (голодна).
Ich habe Durst.	Я хочу пити.
Ich bin satt.	Я наївся (наїлася).
Guten Appetit!	Смачного!

🔊 **Möchten Sie …?** / **Чи хочете Ви …?**

Möchten Sie noch etwas?	Чи хочете Ви щось ще?
Möchten Sie etwas essen?	Чи хочете Ви щось з'їсти?
Möchten Sie etwas trinken?	Чи хочете Ви щось випити?

💬

Ich möchte **Kaffee**.	Я хочу кави.
Tee	чай
Wasser	вода
Leitungswasser	вода з-під крану
Mineralwasser	мінеральна вода

❗ **Ja, bitte!** / **Так, будь ласка!**

Ja, sehr gerne!	Так, із великим задоволенням!
Nein, danke.	Ні, дякую.

🔊 **Allergien und Speisevorschriften** / **Алергії та правила харчування**

Was dürfen Sie nicht essen?	Що Вам категорично не можна їсти?
Haben Sie Lebensmittelallergien?	Чи є у Вас алергії на продукти харчування?

💬

Ich esse kein Fleisch.	Я не їм м'ясо.
Ich bin allergisch auf Nüsse.	У мене алергія на горіхи.
Ich bin Vegetarier.	Я вегетаріанець (вегетаріанка).

Ich esse lieber …	Я більше люблю …
Gemüse	овочі
Fisch	рибу
Hühnchen	курку
Rindfleisch	яловичину

Cooking, eating and drinking

Готовка, еда и напитки

Hunger and thirst

Голод и жажда

I am hungry.	Я голоден (голодна).
I am thirsty.	Я хочу пить.
I have had enough.	Я наелся (наелась).
Enjoy your meal!	Приятного аппетита!

Would you like …?

Вы хотели бы …?

Would you like some more?	Вы хотели бы немного больше?
Would you like to have something to eat?	Вы хотели ли бы что-нибудь съесть?
Would you like to have something to drink?	Вы хотели ли бы что-то выпить?

I would like some coffee.	Я хотел (хотела) бы немного кофе.
tea	чай
water	вода
tap water	вода из-под крана
mineral water	минеральная вода

Yes please.

Да, пожалуйста.

Yes please!	Да, пожалуйста!
No thank you.	Нет, спасибо.

Allergies and diet requirements

Аллергии и диетические предписания

What are you not allowed to eat?	Что Вам нельзя употреблять в пищу?
Are you allergic to any food?	Есть ли у Вас аллергия на что-либо?

I don't eat meat.	Я не ем мясо.
I'm allergic to nuts.	У меня аллергия на орехи.
I'm a vegetarian.	Я вегетарианец (вегетарианка).

I prefer to eat …	Я предпочитаю есть …
vegetables	овощи
fish	рыба
chicken	курица
beef	говядина

Babynahrung **Годування малюків**

Haben Sie **Babynahrung**? Чи є у Вас суміш для годування
малюків?

Babybrei каша для малюків
Folgemilch молоко для прикорму
natriumarmes Mineralwasser мінеральна вода з низьким
змістом Натрію

Mahlzeiten **Приймання їжі**

Frühstück сніданок
Mittagessen обід
Abendessen вечеря

 Gemeinsam kochen **Готувати їжу разом**

Ich möchte kochen. Я хочу щось приготувати.

Ich brauche eine Pfanne. Мені потрібна сковорідка.
Ich brauche einen **Topf**. Меня потрібна кастрюля.
Deckel кришка
Herd плита
Backofen духовка, піч

Wo ist das Geschirr? Де я можу знайти посуд?
Wo sind die **Teller**? Де тарілки?
Tassen чашки
Gläser склянки

Wir brauchen noch zwei **Messer**. Нам потрібно ще два ножі
Gabeln виделки
Löffel ложки

4.4 Kleidung Одяг

 Kleidungsstücke **Вбрання**

Ich brauche ein **T-Shirt**. Мені потрібна футболка.
Hemd сорочка
Kleid сукня
Tuch хустка
Unterhemd майка

Ich suche eine **Hose**. Я шукаю штани.
Jeans джинси

Baby food

Do you have any baby food?

pap
follow-on milk
mineral water low in sodium

Кормление младенцев

Есть ли у Вас какая-то еда для малышей?

детская каша
молоко в прикорм
минеральная вода с низким содержанием Натрия

Meals

breakfast
lunch
dinner (evening meal)

Приёмы пищи

завтрак
обед
ужин

Cooking together

I would like to cook something.

I need a pan.
I need a saucepan.
lid
stove
oven

Готовим вместе

Я бы хотел (хотела) что-нибудь приготовить.

Мне нужна сковородка.
Мне нужна кастрюля.
крышка
плита
духовка

Where are the dishes?
Where are the plates?
cups
glasses

Где находится посуда?
Где тарелки?
чашки
стаканы

We need two more knives.
forks
spoons

Нам нужно ещё два ножа.
вилки
ложки

Clothing

Одежда

Items of clothing

I need a T-shirt.
shirt
dress
shawl; scarf
vest

Предметы гардероба

Мне нужна футболка.
рубашка
платье
платок, шарф
майка

I'm looking for a pair of trousers.
jeans

Я ищу себе штаны.
джинсы

Unterhose	білизна
Bluse	блузка
Jacke	піджак, куртка
Mütze	шапка, капелюх

Haben Sie einen **Mantel**?	Чи є у Вас пальто?
Pullover	светр
Rock	спідниця
Schal	шарф
Schlafanzug	піжама
BH (Büstenhalter)	бюстгальтер

Ich brauche **Handschuhe**.	Мені потрібні рукавички.
Unterwäsche	нижня білизна
Socken	шкарпетки
Schuhe	взуття
Stiefel	чоботи

Aussuchen und einkaufen / Обрати та придбати

Kann ich Ihnen helfen?	Чи можу я Вам допомогти?
Suchen Sie etwas Bestimmtes?	Чи шукаєте Ви щось певне?
Dort ist die Umkleidekabine.	Там знаходиться кабіна для переодягання.
Passt die Jacke?	Чи підходить ця куртка?

Passt nicht! / Це не пасує!

zu klein

zu groß

Die Jacke ist zu klein.	Ця куртка замала.
Die Jacke ist zu groß.	Ця куртка завелика.
Die Jacke passt.	Цей піджак пасує.
Die Hose ist zu lang.	Ці штанці задовгі.
Die Hose ist zu kurz.	Ці штанці закороткі.

underpants	трусы
blouse	блуза
jacket	пиджак, куртка
cap	шапка

Do you have a coat?	Есть ли у Вас пальто?
pullover	свитр
skirt	юбка
scarf	шарф
pyjamas	пижама
bra	лифчик

I need some gloves.	Мне нужны перчатки.
underwear	нижнее бельё
socks	носки
shoes	обувь
boots	сапоги, ботинки

Clothes shopping   ## Покупка одежды

How can I help you?	Как я могу Вам помочь?
Are you looking for something in particular?	Ищите ли Вы что-нибудь конкретное?
The changing room is over there.	Раздевалка находится там.
Does the jacket fit you?	Подходит ли тебе куртка?

It does not fit!   ## Эта не подходит!

zu lang

zu kurz

The jacket is too small.	Этот пиджак слишком маленький.
The jacket is too big.	Этот пиджак слишком большой.
The jacket fits.	Этот пиджак подходит.
The trousers are too long.	Эти штаны слишком длинные.
The trousers are too short.	Эти штаны слишком короткие.

4.5 Einkaufen

Шопінг

Geschäfte

Магазини

Wo kann man hier einkaufen?

Де тут можна скупитися?

Wo gibt es hier einen Supermarkt?

Де тут є супермаркет?

Wo gibt es hier eine **Drogerie**?

Де тут є дрогерія? (магазин парфюмерно-галантерейних та аптекарських товарів)

Bäckerei

пиріжкова

Wann öffnen die Geschäfte?

Коли відчиняються магазини?

Wann schließen die Geschäfte?

Коли зачиняються магазини?

Der Supermarkt öffnet um 7 Uhr.

Супермаркет відчиняється о сьомій годині ранку.

Die Bäckerei schließt um 18 Uhr.

Пиріжкова зачиняється о шостій годині вечора.

Im Geschäft

У магазині

Wie kann ich Ihnen helfen?

Як я можу Вам допомогти?

Wie viel hätten Sie gern?

Скільки б Ви хотіли?

Darf es sonst noch etwas sein?

Чи потрібно Вам щось ще?

Alles?

Це все?

Was kostet das?

Скільки це коштує?

Wo ist die Kasse?

Де знаходиться каса?

Wo kann ich bezahlen?

Де я можу заплатити?

Zahlen

Числа

13	14	15	16	17
dreizehn	**vier**zehn	**fünf**zehn	**sech**zehn	**sieb**zehn
21	22	23	24	25
ein**und**-zwanig	zwei**und**-zwanzig	drei**und**-zwanzig	vier**und**zwan-zig	fünf**und**-zwanzig
40	50	60	70	80
vierzig	fünfzig	sechzig	siebzig	achtzig
300	400	500	600	700
dreihundert	**vier**hundert	**fünf**hundert	**sechs**hundert	**sieben**hundert

Shopping

Шопинг

Shops

Магазины

Where can I do my shopping?	Где я могу сходить на шопинг?
Where is the nearest supermarket?	Где находится ближайший супермаркет?
Where is the nearest chemist's?	Где находится ближайшая дрогерия? (магазин парфюмерно-галантерейных и аптекарских товаров)
baker's	булочная
When do the shops open?	Когда открываются магазины?
When do the shops close?	Когда закрываются магазины?
The supermarket opens at 7 am.	Супермаркет открывается в семь часов утра.
The baker's closes at 6 pm.	Булочная закрывается в шесть часов вечера.

In a shop

В магазине

How may I help you?	Как я могу Вам помочь?
How much would you like?	Сколько Вы бы хотели?
Is there anything else I can do for you?	Есть ли ещё что-то, с чем я могу Вам помочь?
Was that everything?	Это было всё?
How much is this/that?	Сколько стоит это/то?
Where is the till?	Где находится касса?
Where can I pay?	Где я могу заплатить?

Numbers

Числа

18	19	20		
achtzehn	**neun**zehn	zwanzig		
26	27	28	29	30
sechs**und**zwanzig	sieben**und**zwanzig	acht**und**zwanzig	neun**und**zwanzig	dreißig
90	100	101	102	200
neunzig	hundert	ein**hundert**eins	ein**hundert**zwei	**zwei**hundert
800	900	1000	10000	1000000
achthundert	**neun**hundert	**ein**tausend	**zehn**tausend	eine Million

Das kostet zwei Euro (und) zwanzig Cent (2,20 EUR).

Das macht 14,22 EUR.

2,5 Kilo Kartoffeln kosten 2,30 EUR.

Це коштує два євро двадцять центів (2,20 EUR).

Загалом виходить 14,22 євро.

Два з половиною кілограми картоплі коштують 2 євро 30 центів.

Die Trauben müssen Sie wiegen.

Ви маєте зважити виноград.

Preis	ціна
Angebot	пропозиція, асортимент
Sonderangebot	особлива пропозиція
günstig	вигідний, рентабельний
billig	дешевий
teuer	дорогий

4.6 Gesundheit — Здоров'я

Körperteile — Частини тіла

Kopf	голова
Gesicht	обличчя
Auge	око
Nase	ніс
Ohr	вухо
Mund	рот
Hals	горло
Brust	груди
Herz	серце
Bauch	живіт
Magen	шлунок
Rücken	спина
Schulter	плече
Arm	рука
Hand	долоня
Finger	палець
Bein	нога
Fuß	ступня
Haut	шкіра

That's 2 euros and 20 cents.	Это стоит 2 евро 20 центов.
That's 14 euros and 22 cents.	Это стоит 14 евро 22 цента.
2.5 kilos of potatoes cost 2 euros and 30 cents.	Два с половиной килограмма картофеля стоят 2 евро 30 центов.
You have to weigh the grapes.	Вам нужно взвесить виноград.
price	цена
offer	асортимент, предложение
special offer	специальное предложение
reasonable	выгодный
cheap	дешёвый
expensive	дорогой

Health   # Здоровье

Parts of the body   ### Части тела

head	голова
face	лицо
eye	глаз
nose	нос
ear	ухо
mouth	рот
throat	горло
breast, chest	грудь
heart	сердце
abdomen, belly	живот
stomach	желудок
back	спина
shoulder	плечо
arm	рука
hand	кисть
finger	палец
leg	нога
foot	стопа
skin	кожа

Ärzte	**Лікарі**
Allgemeinarzt	терапевт
Zahnarzt	стоматолог
Frauenarzt	гінеколог
Kinderarzt	педіатр
Praxis	кабінет лікаря
Sprechstunde	прийомні часи

In der Praxis

	У кабінеті лікаря
Haben Sie eine Gesundheitskarte?	Чи є у Вас медична карта?
Haben Sie einen Krankenschein?	Чи є у Вас лікарняний лист/ підтвердження від компанії медичного страхування?
Warten Sie bitte im Wartezimmer.	Будь ласка, чекайте в приймальні.
Gehen Sie bitte in Zimmer 3.	Прямуйте, будь ласка, до кімнати 3.
Ich werde Sie jetzt untersuchen.	Зараз я буду Вас оглядати.
Was fehlt Ihnen?	Що з Вами трапилося?
Haben Sie Schmerzen?	У Вас щось болить?
Machen Sie sich bitte frei.	Будь ласка, роздягайтесь.

Ich habe **Bauchschmerzen**.	У мене болить живіт.
Kopfschmerzen	головний біль
Husten	кашель
Schnupfen	нежить
Fieber	гарячка, жар

Ich habe Schmerzen genau hier.	У мене болить саме в цьому місці.

Mein **Kopf** tut weh.	У мене болить голова.
Knie	коліно
Rücken	спина
Fuß	ступня
Arm	рука

Doctors
general practitioner
dentist
gyneacologist
pediatrician

doctor's practice
surgery hours

Russisch
терапевт
стоматолог
гинеколог
педиатр

приёмная врача
приёмные часы

In the doctor's practice
Have you got a "Gesundheitskarte" (health card)?
Do you have a health insurance voucher?

Please wait in the waiting room.

Please go to room 3.

I'm going to examine you now.
What is the matter (with you)? / What seems to be the problem?
Do you have any pain?
Please get undressed.

В кабинете врача
Есть ли у Вас медицинская карта?
Есть ли у Вас больничный лист/ подтверждение от страховой компании?

Пожалуйста, ждите в комнате ожидания.

Пожалуйста, идите в комнату 3.

Я сейчас буду проводить осмотр.
Что с Вами не так?

У Вас что-то болит?
Пожалуйста, разденьтесь.

I've got a pain in my stomach.
headache
cough
a cold
a temperature

У меня болит живот.
головные боли
кашель
насморк
температура, жар

I've got a pain exactly here.

У меня болит точно здесь.

My head is aching.
knee
back
foot
arm

У меня болит голова.
колено
спина
стопа
рука

Können Sie Ihren Arm bewegen?	Чи можете Ви рухати рукою?
Ich kann den Arm nicht bewegen.	Я не можу рухати рукою.
Tut das weh?	Тут боляче?
Ja, das tut sehr weh. Nein, das tut nicht weh.	Так, тут дуже боляче. Ні, тут не боляче.
Wie lange haben Sie die Schmerzen?	Як довго Ви відчуваєте біль?
Ich habe die Schmerzen seit drei Tagen.	Я відчуваю біль протягом двох днів.

Sie haben eine **Grippe**.
Entzündung
Erkältung
ansteckende Krankheit

У Вас грип.
запалення
застуда
заразна хвороба

Sind Sie schwanger?
Schwangerschaft

Ви вагітні?
вагітність

Ich gebe Ihnen ein Rezept.
Die Medikamente bekommen Sie in der Apotheke.

Я дам Вам рецепт.
Ліки Ви отримаєте в аптеці.

Wir haben einen Notfall.

У нас екстрений/ невідкладний випадок.

Sie müssen jetzt ins Krankenhaus.

Ви маєте поїхати в лікарню.

Apotheke und Medikation

Аптека та ліки

Haben Sie ein Rezept?
Die Tabletten vor / nach den Mahlzeiten einnehmen.

У Вас є рецепт від лікаря?
Пігулки треба приймати до/ після їжі.

Die Tabletten dreimal täglich einnehmen.

Пігулки треба приймати щодня по три рази.

Can you move your arm?	Можете ли Вы пошевелить рукой?
I can't move my arm.	Я не могу пошевелить рукой.
Does this cause any pain?	Вызывает ли это какую-то боль?
Yes, that hurts a lot.	Да, это сильно болит.
No, that doesn't hurt.	Нет, это не болит.
How long have you been in pain?	Как долго у Вас продолжаются боли?
I've been in pain for three days.	У меня продолжаются боли уже три дня.

You've got the flu.	У Вас грипп.
inflammation	воспаление
cold	простуда
contagious desease	заразная болезнь

Are you pregnant?	Вы беременны?
pregnancy	беременность

I'll give you a prescription.	Я дам Вам рецепт.
You will get the medication in the pharmacy.	Вы получите лекарство в аптеке.

This is an emergency.	Это неотложный случай.

You have to go to hospital now.	Вам нужно сейчас же в больницу.

Pharmacy and medication   Аптека и лекарства

Do you have a prescription?	У Вас есть рецепт?
Take the tablets before/after meals.	Принимайте таблетки до/после еды.
Take the tablets three times a day.	Принимайте таблетки по три раза в день.

Bildquellenverzeichnis

1. Auflage   1   5 4 3 2 1 | 2026 25 24 23 22

© Ernst Klett Sprachen GmbH, Rotebühlstraße 77, 70178 Stuttgart, 2022.
Alle Rechte vorbehalten.
Internetadresse: www.klett-sprachen.de

Erstellt und redigiert von der Redaktion Sprachlernmaterialien unter Mitwirkung von Freiwilligen und Ehrenamtlichen.

Übersetzung Ukrainisch/Russisch: Polina Titova
Layoutkonzeption: Andreas Drabarek, Maja Smrcek
Gestaltung und Satz: Joachim Schrimm, ETYPO, Friolzheim
Umschlaggestaltung: Sabine Kaufmann
Titelfoto: stock.adobe.com (Elena Antonova)
Herstellung: Christian Schlag
Druck und Bindung: Plump Druck & Medien GmbH, Rheinbreitbach
Printed in Germany